Ye Magick Miroir du vieux Japon

Silvanus P. Thompson

Writat

Cette édition parue en 2023

ISBN : 9789358810066

Publié par
Writat
email : info@writat.com

Contenu

VOUS MIROIR MAGIQUE DU
VIEUX JAPON.

DANS le Japon ancien, le miroir occupe une place particulièrement importante. Les voyageurs dans ce pays aux arts étranges et aux coutumes pittoresques nous parlent du culte du miroir comme d'une de ses formes de religion primitive. Dans l'ancien Japon, le miroir n'est pas, comme dans notre civilisation occidentale, un simple meuble, un accessoire de toilette ou un moyen de recouvrir la largeur du mur autrement indécor au -dessus d'une cheminée. Au Japon, on trouve le miroir entouré de faste et de circonstance de toutes parts. Il occupe une place importante parmi les objets symboliques qui constituent les insignes impériaux du Shogun. On le voit représenté dans les images japonaises des régions infernales. Dans les temples de l'ancienne religion shinto, de précieux miroirs anciens sont enchâssés dans des arches coûteuses, pour être ensuite exposés à l'occasion de quelque grande cérémonie. D'innombrables miroirs, certains anciens, mais pour la plupart de fabrication moderne, se trouvent accrochés aux murs des temples shinto. Là, ils ont été déposés comme ex-voto par des femmes qui n'avaient peut-être rien d'aussi précieux à offrir. Tout comme le guerrier japonais offre comme cadeau votif au temple son épée chérie, la dame japonaise offre son précieux miroir. Là, ils sont suspendus par milliers, épées et miroirs, côte à côte, en remerciements aux dieux. Dans le peu de meubles du *ménage japonais* , le miroir, posé à sa place sur la table de toilette de la dame, constitue le seul objet significatif ; l'élément central auquel tout le reste est subordonné. Le miroir entre dans les mythes de la race japonaise : c'est l'emblème de la lumière, ou du soleil, et du droit divin de la dynastie. Dans le trousseau de la mariée, le miroir est l'objet le plus précieux, son seul bien précieux. Le premier miroir fabriqué - ou celui considéré comme tel aux yeux des Japonais et vénéré en conséquence - est enchâssé dans le grand palais sacré jumeau d'Isé, lieu saint vers lequel les pieux pèlerins se dirigent avec un zèle dévoué . Son origine est relatée dans le célèbre mythe de la déesse du soleil, Amaterasu oho-mi-kami, qui, un jour, se retira offensée dans une caverne rocheuse, laissant le monde dans l'obscurité. De cette retraite, elle fut attirée par les autres dieux, après avoir essayé de nombreux artifices curieux, par la fabrication réussie d'un miroir dans lequel, voyant son visage se refléter, elle fut poussée par la jalousie et la curiosité à s'aventurer. Ce miroir a été façonné par le Vulcain de l'Olympe Shinto pour imiter le soleil, ayant la forme d'un disque à huit rayons. Dans l'héraldique japonaise moderne, le soleil, tel qu'il apparaît sur le drapeau national, est un orbe rouge avec seize rayons rouges, non pointus comme dans l'héraldique européenne, mais s'élargissant jusqu'à la marge du drapeau. Certains soutiennent que le blason impérial japonais, le *kiku* , qui ressemble à une fleur à seize pétales joints et arrondis aux extrémités extérieures, et sortant d'un petit disque central, est aussi un blason du soleil ; d'autres le considèrent comme représentant le chrysanthème. Dans les images japonaises du mythe de la déesse solaire, le miroir est toujours représenté sous la forme de huit pointes. La tradition raconte que le défaut encore visible à sa surface a été causé par un coup reçu lorsque les dieux l'ont poussé dans la porte entrouverte de la caverne rocheuse alors que la déesse du soleil jetait un coup d'œil. La version standard de l'ensemble du mythe se trouve dans un mémoire sur les temples shinto d' Isé par M. Ernest Satow , dans le deuxième volume des « Transactions de la société asiatique du Japon » (1873-74). Au British Museum, dans la collection de dessins japonais du Dr Anderson, n° 1905, se trouve un rouleau de soie peint en couleurs , représentant la scène à l'extérieur de la caverne. Elle est sans signature ni cachet et l'artiste est inconnu. Un autre mythe raconte l'histoire ultérieure du miroir. Il a été remis par la déesse du soleil à son petit-fils Nini-gi no mikoto lorsqu'il est descendu du ciel pour soumettre la terre, ainsi que l'épée sacrée et la pierre de sceau sacrée (les trois trésors sacrés des insignes japonais), avec ces mots : « Regardez ce miroir comme mon esprit : gardez-le dans la même maison et au même étage que vous, et adorez-le comme si vous adoriez ma présence actuelle. » Nini-gi no mikoto a fondé l'empire du Japon et est vénéré comme le premier Shogun, tous les souverains ultérieurs revendiquant le droit divin par descendance de lui. Tous les miroirs des temples shinto, qu'ils soient exposés à la vue ou dissimulés dans des sanctuaires ou des arches, sont des imitations de celui-ci, bien que certains soient considérés comme représentatifs d'autres divinités secondaires. A Isé , où est conservé le premier miroir, chaque miroir est enfermé dans un coffret posé sur un socle, et recouvert d'un drap de soie. Le miroir est lui-même enveloppé dans un sac de brocart, qui n'est jamais ouvert ni renouvelé, mais qui, lorsqu'il est presque usé, est enfermé dans un nouveau sac. Au-dessus des nombreux emballages se trouve une cage de bois avec des ornements d'or, drapée d'un rideau de soie grossière. Lors des fêtes, quand on ouvre les sanctuaires, on ne voit que les boîtes recouvertes de leurs couvertures.

Le miroir de l'ancien Japon est cependant un article très différent de celui connu dans l'Europe moderne sous le nom de miroir. Les miroirs européens sont constitués, comme chacun le sait, de verre argenté à l'arrière. Les miroirs japonais sont invariablement en métal, le bronze utilisé étant un composé de cuivre et d'étain, avec des traces d'antimoine ou de plomb. Les miroirs conservés dans les temples ne sont pas tous à huit pointes. Certains sont simplement circulaires, avec un rebord épais à l'arrière et un bouton central ajouré pour recevoir un cordon de suspension ; le devant étant assez plat. D'autres sont ovales, avec pieds, ou avec poignées perforées en partie supérieure pour la suspension. Dans les maisons, on rencontre très rarement des miroirs carrés, et ils sont pour la plupart petits. Ceux destinés à la table de toilette des dames sont généralement circulaires, de quatre à cinq pouces de diamètre, sans poignées, possédant un bord épais et un motif en relief sur le dos. Les plus courants de tous sont les miroirs à main, qui sont généralement circulaires, de trois à onze pouces de diamètre, avec une poignée en métal recouverte de bambou ou de brocart. Ils sont généralement légèrement convexes sur la surface avant, qui est brillamment polie ; tandis que le dos, en grande partie non poli, présente un fin motif en relief. Souvent, l'ornement en relief se compose de deux sortes distinctes. On y trouve en haut-relief et poli de manière à se détacher du fond, un symbole simple et audacieux, tantôt un caractère chinois signifiant « bonne chance », ou « longue vie », tantôt un blason familial, tel que le *kiri* impérial (ou feuilles et fleurs de Paullonia), ou un cercle, ou trois plumes croisées, ou la pointe déchiquetée du Fujiyama , ou la silhouette d'un oiseau. Les ornements du deuxième type sont en bas-relief et, bien que souvent symboliques, consistent en des représentations naturalistes d'arbres, de fleurs, de cigognes, de bambous, etc. Un groupe comprenant les pins, les cigognes et la tortue à queue velue, tous symboles de longévité ou d'immortalité, est l'un des groupes préférés . Quelquefois l'ornement consiste exclusivement en l'une ou l'autre de ces espèces ; mais le plus souvent les deux sont présents ; le bas-relief brut formant un fond artistique pour l'écusson ou les lettres chinoises, qui ressortent polies. Remarquons en passant que les Japonais utilisent des caractères chinois en plus de leur propre forme d'écriture, tout comme nous utilisons encore les vieilles lettres noires anglaises à des fins ornementales ou distinctives.

Mais la chose la plus intéressante à propos des miroirs japonais – celle qui les a rendus célèbres et les a fait connaître aux amateurs de curiosité et d'occultisme – est leur propriété *magique réputée*. Les histoires orientales de miroirs magiques sont courantes depuis le Moyen Âge , la plupart étant totalement enfantines et absurdes. Mais à côté de ceux-ci, il a existé des récits, d'un caractère plus sûr, de miroirs capables de refléter, dans un faisceau de lumière tombant sur leur visage, le motif qu'ils portent sur leur dos. Cette propriété singulière n'est pas un mythe, même si la véritable explication du phénomène est restée longtemps inconnue. Lorsqu'on l'observe pour la première fois, le phénomène est si surprenant qu'il semble presque incroyable. Vous prenez le miroir dans votre main et l'examinez. Sa face est légèrement convexe, parfaitement polie, à moins qu'elle ne soit rayée par l'usage ou ternie ; et en le regardant, vous ne voyez que votre propre image, ou les objets qui vous entourent, pas la moindre allusion ni trace du motif en relief à l'arrière. Placez maintenant le miroir en plein soleil ou sur le chemin d'un puissant faisceau de lumière provenant d'une source artificielle, telle qu'une lampe électrique. Il reflétera le faisceau et projettera une zone lumineuse sur le mur ou le sol, comme le ferait n'importe quel autre miroir. Mais en examinant cette tache lumineuse, vous remarquerez immédiatement, si votre miroir est bon, que les traits saillants, et parfois même les détails les plus fins, du motif du revers sont reproduits dans la lumière réfléchie de face. Quelques dizaines de miroirs japonais, pour la plupart assez modernes, sont passés entre les mains de l'auteur pour examen optique. Certains d'entre eux n'ont montré aucune propriété magique. D'autres ont très bien montré la propriété. D'autres encore, qui ne montraient rien au début, se révélèrent capables d'être transformés en miroirs magiques par un traitement découvert ultérieurement.

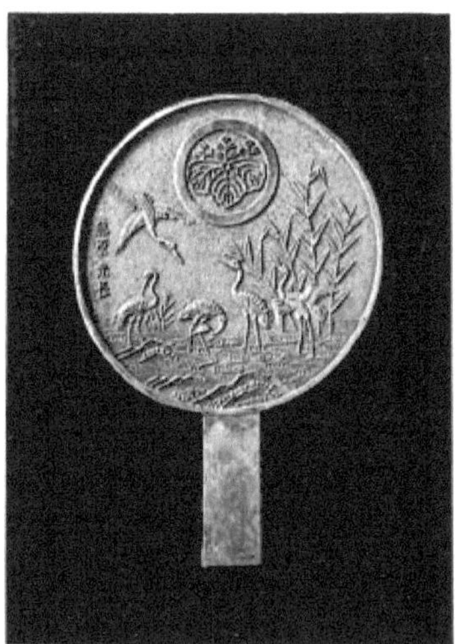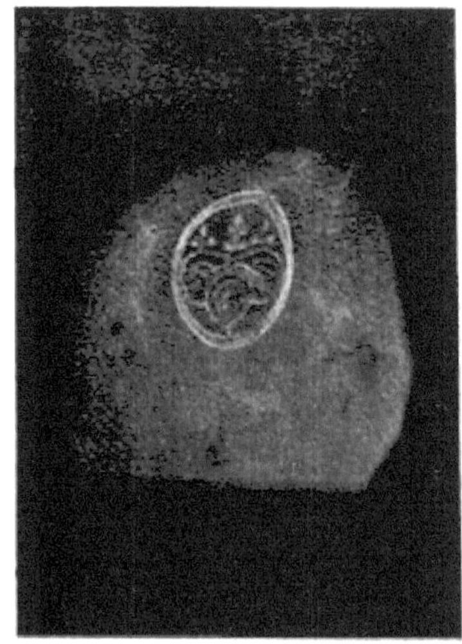

PLANCHE II.

Jusqu'en 1845 environ, ces miroirs étaient extrêmement rares en Europe, bien qu'il soit fort possible qu'ils aient parfois fait partie du stock des prestidigitateurs et des magiciens médiévaux . Au milieu de la masse de détritus occultes, on peut discerner ici et là des déclarations relatives probablement aux phénomènes authentiques manifestés par les miroirs de la classe en question, n'ayant que peu ou rien de commun avec les visions que l'on peut voir dans les sphères de cristal, ou les béryls, ou dans les bassins . d'encre. Ainsi Gaspard Schott, tant dans sa *Physica Curiosa* que dans son livre sur la Magie, se réfère au Miroir de Pythagore, dans ou sur lequel il aurait écrit avec du sang les choses qu'il voulait signifier, et qui, lorsqu'on les tournait vers lui. à la lune, affichées sur le disque de la lune, visiblement à celui qui se tient derrière, les choses ainsi inscrites. Le « disque de la lune » mentionné ici pourrait être simplement la tache lumineuse projetée par le rayon de lune réfléchi.

Encore une fois, il est indiqué que l'historien italien Muratori fait deux références à des miroirs magiques, l'un en possession de l'évêque Bartolomeo de Vérone, assassiné par Mastino . della Scala en 1338 ; l'autre trouvé dans la maison de Cola di Rienzo (ou Rienzi), qui portait sur le dos le mot « Fiorone

». N'ayant pas pu vérifier cette affirmation à partir de la littérature disponible au British Museum, j'ai des doutes sur ce dernier cas. Il est bien plus probable que le miroir portait sur son dos une grande fleur, plutôt que le mot signifiant une grande fleur.

À l'exception de références obscures comme celles-ci, il n'existe aucune trace de véritables miroirs magiques avant 1832. Pourtant, quelques-uns existaient sans aucun doute. Il y en avait dans la collection de la famille royale de Savoie à Turin, qui furent examinées plus tard par le professeur Govi . Il y en avait une réputée magique à Berlin. Le grand Von Humboldt crut utile, en 1830, d'apporter ce miroir à Paris pour le montrer à ses *confrères* de l' *Académie des Sciences* ; mais l'ayant apporté, il se trouva incapable de montrer quoi que ce soit. En 1842, plusieurs miroirs furent apportés de Nankin par l'amiral Mouchez (commandant de « La Favorite »), M. Arosa et M. Piou . L'une d'elles était en possession du marquis La Grange en 1847.

Avec l'ouverture du Japon au monde commercial, en 1867, vint l'exportation de miroirs, entre autres articles de ferronnerie ; parmi eux, certains étaient de qualité magique. L'un d'eux a été exposé en 1876 dans la collection de prêt d'appareils scientifiques dans les galeries ouest du South Kensington Museum. Le Catalogue officiel (p. 927) le décrit ainsi : « 983 c. Miroir magique. [Exposé par] Robert von Tarnow. Ce miroir est une curiosité, et se compose d'un disque concave en laiton à la surface finement polie. Au revers, il y a plusieurs caractères arabes (*sic*) en relief. En exposant la surface polie aux rayons du soleil de telle manière qu'ils les réfléchissent sur le mur, les figures arabes du revers du disque deviennent clairement visibles dans la lumière réfléchie sur le mur. C'est à ce miroir que, l'année suivante, l'auteur de cet article avait à l'esprit quand, écrivant dans « Nature », il proposa qu'une enquête soit menée sur l'étrange propriété optique ainsi exposée. Heureusement, à cette époque, son ami le professeur WE Ayrton résidait au Japon en tant que professeur à l'Imperial College of Engineering de Tokio , et lui et son collègue, le professeur Perry, se livrèrent immédiatement à une recherche exhaustive sur le sujet, au cours de laquelle ils non seulement ils examinèrent quelques centaines de miroirs, mais encore ils se familiarisèrent sur place avec les procédés de fabrication, jusqu'alors entièrement inconnus ou mal compris. Un ou deux ans plus tard, après la publication des recherches d'Ayrton et Perry, d'autres recherches à caractère entièrement confirmatif furent publiées en France par M. Bertin . En fait, les recherches scientifiques peuvent être divisées en quatre périodes.

(*i* .) 1832. Suppositions élémentaires de Brewster et Prinsep , dont le premier attribuait le phénomène à de supposés changements moléculaires dans le métal à la surface, dus à un motif ayant été estampé sur le devant pour imiter celui au dos, et puis meulé. Ces derniers l'attribuèrent plus correctement à des différences de courbure de la surface, mais tombèrent aussi dans l'erreur de supposer que l'ornement avait été estampé.

(*ii* .) 1844-1853. Enquêtes françaises d' Arago , Julien, Person et Maillard. Parmi ces enquêteurs, Person a suggéré la véritable cause, à savoir d'infimes différences de courbure dans la surface polie, circonstance qu'il a prouvée en recouvrant le miroir d'un morceau de papier percé d'un trou circulaire d'environ un centimètre de diamètre, et qui , lorsqu'il se déplaçait sur le miroir (à la lumière du soleil), provoquait comme image réfléchie une tache de lumière dont la taille variait d'un point à l'autre du miroir. Il a également soudé un étroit morceau de tôle derrière une plaque de daguerréotype polie, et a constaté que lorsque cette dernière était légèrement pliée, l'image de face montrait une ligne lumineuse à l'endroit correspondant. Maillard adopta plus tard la théorie de Person et la confirma en employant un opticien pour polir sur le tour un morceau de métal qui avait des marques en relief sur son dos. Il a également noté qu'une égratignure sur le dos du miroir donne une ligne brillante à l'image.

(*iii* .) 1864-66. Enquêtes sur Govi , en Italie, et sa controverse avec Brewster à ce sujet. Govi adopta franchement les vues de Person et les confirma par une expérience basée sur le mode adopté par les constructeurs de télescopes à réflexion pour tester l'exactitude du chiffre donné par les machines à broyer aux spéculums. Il fit réfléchir par un miroir magique sur un écran l'image d'un fin réseau de lignes, réglé sur du verre avec un diamant et placé près d'un point lumineux brillant. Par les déformations que le miroir produisait dans ces lignes, il trouva toute la surface réfléchissante finement ondulée avec de légères variations de courbure en parfaite correspondance avec les arabesques en relief du dos. Ces ondulations, observa-t-il, échappent à l'attention lorsqu'on se regarde devant le miroir, parce qu'elles sont si douces, et sont telles que, pour les percevoir, il nous faut des organes plus délicats que les nôtres. A la publication de ce récit et d'une traduction de celui-ci dans la « Revue Scientifique » de 1865, Sir David Brewster écrivait pour raconter comment, en 1832, il avait expliqué le phénomène comme étant dû à des différences de densité ou à d'autres qualités de molécules. structure, ou aux fines rayures produites par la supercherie, et doutant de l'explication de Govi . Il a déclaré que des phénomènes similaires avaient été produits en estampant des motifs sur la surface du laiton et en les meulant pour qu'ils soient invisibles à l'inspection. Il considérait que la seule façon de prouver qu'elles étaient dues à de délicates différences de courbure était soit de montrer qu'elles disparaissaient en refaisant la surface du miroir avec un spéculum doux, soit en prenant un moulage exact du miroir, et voir si cela avait aussi des propriétés magiques. Govi conteste ainsi, puis réfute la position de Brewster, et établit la sienne en montrant que le caractère de l'image, lignes blanches sur fond terne, est changé en celui de lignes ternes sur fond plus clair, en interposant simplement devant le miroir un lentille convexe. Cet effet ne peut être produit que par une différence de courbure de la surface. De plus, Govi a réalisé l'expérience frappante suivante. Prenant un miroir japonais qui ne présentait habituellement aucun effet magique, il le chauffa derrière avec une lampe à alcool, lorsqu'il acquit aussitôt des propriétés magiques. Il improvisa encore, avec un morceau de plaque de daguerréotype et un anneau métallique qu'il soudait au dos à la température la plus basse possible, un miroir qui produisait les mêmes effets lorsque, par chauffage, il se produisait une dilatation inégale entre la mince et la fine. parties épaisses.

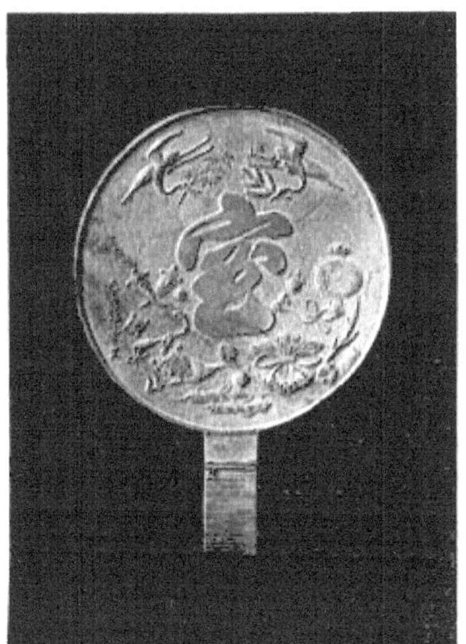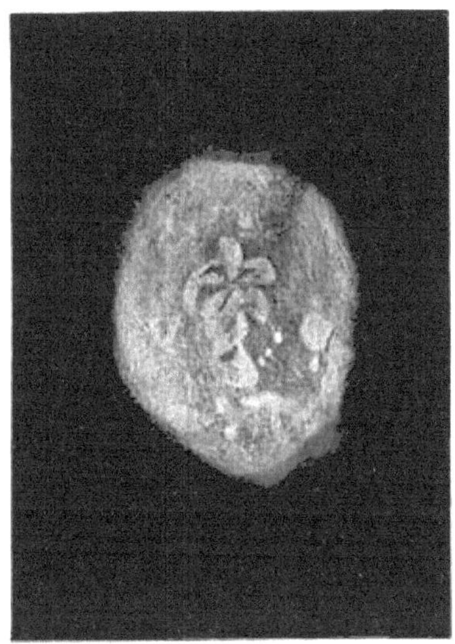

PLANCHE III.

(*iv.*) 1878-80. Recherches d'Ayrton et Perry, et celles de Bertin , de Laurent et de Muraoka. Tout d'abord, Ayrton et Perry se mirent à se procurer des miroirs dans les magasins du Japon et découvrirent que, dans de nombreux cas, les vendeurs ignoraient totalement l'existence de la propriété magique. De plus, les fabricants de miroirs ne pouvaient pas dire comment les miroirs étaient devenus magiques, ni lesquels de leurs miroirs l'étaient ; ou bien ils donnaient des explications qui se sont révélées fausses par la suite, déclarant que l'effet était produit par l'application d'une pâte acide pour décaper le visage avant le polissage. Les enquêteurs, après s'être procuré quelques bons miroirs, ont procédé à tester les diverses suggestions possibles quant à l'origine, telles que la prétendue différence de densité ou de constitution moléculaire, ou la prétendue incrustation du visage avec un métal inférieur, ou la prétendue différence cachée. des rayures en surface ou, enfin, des différences de courbure. Par des expériences simples dans lesquelles une lumière vive tombait successivement sur le miroir sous forme de faisceaux divergents, parallèles ou convergents, il fut démontré sans aucun doute que cette dernière cause était la véritable. L'ensemble du phénomène s'expliquerait s'il était possible d'établir que la surface des parties épaisses est plus plate (moins convexe, voire même légèrement concave) que la surface des parties minces. En utilisant une grande lentille convexe pour faire converger la lumière solaire réfléchie par un miroir, ils ont montré qu'en modifiant simplement la distance de l'écran sur lequel l'image était reçue, ils pouvaient rendre l'image positive ou négative à volonté ; résultat impossible dans toute autre hypothèse que celle des différences de courbure de surface. Ceci étant établi, ils étudièrent ensuite le procédé de fabrication des miroirs, pour constater d'où naissent ces délicates inégalités de surface ; et ils trouvèrent que cela était dû à un accident ou à un incident de fabrication. Tous les miroirs japonais finis peuvent être observés avec une face légèrement convexe. Ils sont coulés dans des moules dont la surface de chaque moitié est assez plate à l'exception de l'ornement incisé sur le moule pour le dos. Ce qui suit est la description d'Ayrton et Perry du processus de casting.

« Le matériau utilisé pour fabriquer le moule est un mélange d'un type spécial d'argile (trouvé près de Tokio et d'Osaka), avec de l'eau et des cendres de paille. Deux dalles convenables ayant été formées à partir de ce composé plastique à l'aide de cadres en bois, d'une épaisse couche de mélange semi-liquide de poudre de creusets anciens, ou d'une poudre fine appelée to-no-ko, faite à partir d'une sorte de pierre à aiguiser *tendre*, se répand sur eux. Le motif du dos du miroir est ensuite découpé directement sur la moitié du moule, ou un croquis dessiné sur papier est d'abord collé et utilisé comme guide pour découper le motif dans l'argile. Parfois, mais rarement, le dessin est estampé dans l'argile avec un motif à la planche de bois découpé en relief comme le dos proposé du miroir. Une fois la conception terminée, un rebord du même matériau que celui utilisé dans la construction du moule, et ayant une épaisseur égale à celle souhaitée pour le miroir, est fixé sur une moitié du moule. Les deux moitiés sont ensuite séchées à la fumée d'un feu de pin, pressées et liées ensemble, et déposées dans la caisse de coulée à un angle de 80° par rapport à l'horizon, la moitié du moule sur laquelle le dessin a été découpé. étant le plus haut. Enfin, le métal spéculum fondu est coulé dans un certain nombre de moules en même temps qui, une fois froids, sont brisés et les pièces moulées sont retirées. Les miroirs coulés dans un moule dans lequel le motif a été découpé à la main sont appelés *ichi. mai buki*, « moule utilisé une fois », et sont considérées comme des épreuves d'artiste, car le dessin au dos est bien défini. Pour former les moules suivants, les deux moitiés sont pressées, lorsque l'argile est humide, sur un *ichi mai miroir buki*, et le motif est ainsi transféré, mais les motifs au dos des miroirs coulés dans de tels moules ne sont pas aussi clairs que sur un *ichi mai miroir buki*, qui se vend donc à un prix beaucoup plus élevé. Les défauts de la face du moulage sont comblés en insérant de petites billes de cuivre, ce qui donne peut-être lieu à l'idée que l'incrustation était utilisée pour produire les illusions. Le manche n'est pas coulé avec le disque du miroir, mais est fixé ultérieurement. Les moulages de miroirs , lorsqu'ils sont démoulés , sont à peu près plats sur la face et doivent être soumis à plusieurs processus pour finir leurs surfaces réfléchissantes : au cours de ces processus, ils acquièrent leur convexité caractéristique et leur brillant élevé. Le miroir est posé sur le dos sur une planche de bois, puis gratté ou rayé avec une tige de fer arrondie d'environ un pied de long, appelée megebo (« tige déformante »). Le processus de notation avec l'outil contondant est appelé *mege* . Après avoir été partout marqué de rayures dans toutes les directions, il se révèle convexe. Ensuite, le visage est gratté avec un outil de grattage à la main, puis frotté avec une pierre à aiguiser, puis poli avec un morceau de charbon de magnolia ; et enfin, lorsqu'il est bien lisse, l'amalgame d'étain et de mercure est frotté avec une brosse de paille dure et poli avec du papier doux. Les miroirs plus épais sont parfois réduits au couteau jusqu'à obtenir une forme convexe : ils présentent rarement ou jamais des propriétés magiques. Le couteau est également utilisé pour réduire toute partie qui, lors de l'opération, *pourrait* être devenue trop convexe. La convexité est testée de temps en temps en appliquant une forme concave en bois. Le professeur Ayrton était d'avis que les propriétés magiques étaient conférées lors de l'opération de grattage avec le *megebo* , les parties les plus épaisses du miroir cédant moins, et étant donc plus polies que les parties les plus fines. Il a également noté que si le visage était marqué par le *megebo* avec des lignes parallèles dans une seule direction, la convexité acquise était cylindrique. Sa conclusion était : « Il apparaît donc que la magie du miroir oriental ne résulte d'aucune astuce subtile de la part du fabricant, d'aucune incrustation d'un autre métal, ni d'un durcissement des parties par estampage, mais découle simplement de la propriété naturelle que possède le miroir. bronze mince de flambement sous une contrainte de flexion, de manière à rester tendu dans la direction opposée après la suppression de la contrainte. Et cette contrainte est appliquée en partie par la « tige déformante » et en partie par le polissage ultérieur qui, d'une manière exactement similaire, tend à rendre les parties les plus minces plus convexes que les plus épaisses. On peut dire que les recherches d'Ayrton et de Perry ont déterminé une fois pour toutes la cause principale des propriétés magiques. Personne n'a contesté depuis les principales propositions de leur mémoire, quoiqu'il soit certain que les différences de courbure peuvent se produire dans plusieurs variétés d'opérations.

Bertin , qui écrivit deux ans plus tard, confirma les conclusions obtenues et réitéra sur d'autres miroirs les expériences d'Ayrton et Perry, ainsi que celles de Person et Govi . Constatant que les distorsions produites par la chaleur étaient particulièrement efficaces pour faire ressortir les qualités magiques, il chercha à les imiter mécaniquement et, avec l'aide de l'opticien Duboscq, construisit un appareil permettant de conférer une convexité temporaire aux miroirs en les montant contre un support d' air . dos serré, avec une cavité derrière dans laquelle l'air pourrait être entraîné par une pompe à force. Avec cet appareil, il a examiné les effets produits par le perçage de cavités, la découpe de rainures et la gravure de dépressions au dos des miroirs. Laurent, reprenant cette ligne de suggestions, a réalisé des miroirs magiques en verre fin, gravés en motifs au dos et argentés en face avant. Ceux-ci, lorsqu'ils sont montés sur un dos étanche à l'air, pourraient être amenés à afficher des chiffres positifs ou négatifs en diminuant ou en augmentant la pression de l'air derrière le miroir au moyen d'une simple poire en caoutchouc indien fixée par un tube flexible à une ouverture . dans le dos; la pression de la main suffit à faire ressortir les effets d'optique. Laurent montra en outre qu'en prenant un morceau de verre miroir ordinaire (verre verni argenté à l'arrière), des effets magiques pouvaient être produits en appuyant légèrement contre l'arrière des morceaux de métal chauds sur lesquels un motif en relief avait été gravé. Dans ce cas, les parties du miroir les plus proches en contact avec le métal chaud devenaient plus chaudes que les autres parties et, en s'étendant davantage, créaient d'infimes différences de courbure suffisantes pour concentrer les rayons de lumière réfléchis par les parties chauffées.

Vers la même époque, Mendenhall, alors au Japon, fit d'autres observations qui furent communiquées à l'Association américaine pour l'avancement de la science lors de sa réunion à Cincinnati. Mendenhall fut suivi par deux observateurs japonais, tous deux formés à la recherche physique en Europe, Goto et Muraoka, dont ce dernier, tout en confirmant les principales propositions selon lesquelles les effets sont dus à des différences de convexité, et que la convexité est acquise au cours de la Le processus de *mege* ou de notation avec le *megebo* , a donné quelques détails supplémentaires appris des fabricants de miroirs de Tokio . Il montra que toute plaque, si elle est assez mince, qu'elle soit en bronze, en laiton, en cuivre, en plomb, en zinc, en fer ou en verre, acquiert la propriété de convexité lorsqu'elle est rayée ; et il arriva à la conclusion que cette expansion superficielle du côté marqué du métal provenait d'une sorte de libération de tension moléculaire à travers les lignes ainsi marquées. Comme Ayrton, il soutenait que cette production de convexité sur la surface rayée expliquait le phénomène selon lequel une égratignure faite par une lime ou un outil pointu sur le dos provoquait la réflexion d'une ligne brillante correspondante sur le visage. Dans un deuxième article Muraoka a cherché à prouver que les différences de courbure ne sont pas réellement dues à des différences de pression lors des opérations de rainurage et de surfaçage, mais sont dues à la remontée inégale du métal dans les parties épaisses et minces lorsque la surface est érodée. est amené à se dilater en le recouvrant de rayures.

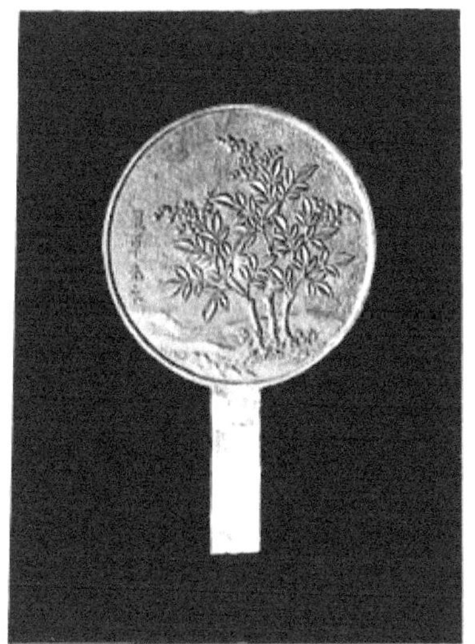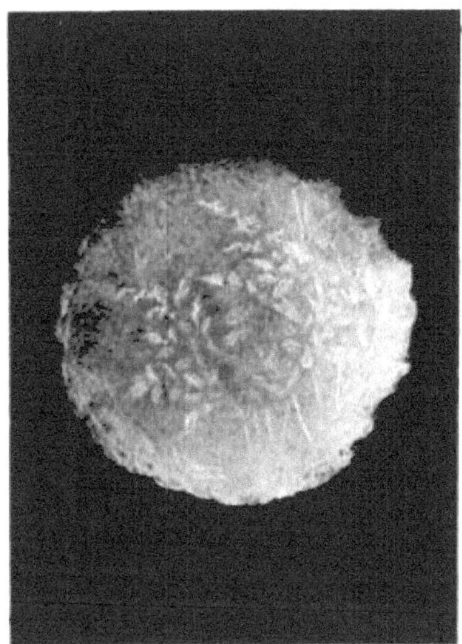

En mai 1886, les professeurs Ayrton et Perry, ayant découvert que l'acte d'amalgamer avec du mercure la surface d'une épaisse barre de laiton produisait une puissante expansion de la surface amalgamée et courbait la barre de manière convexe, suggérèrent en outre que l'emploi par les Japonais des polisseurs de miroirs à base d'amalgame au mercure pourraient aider le fonctionnement du *megebo* en produisant les différences de courbure entre les parties les plus minces et les plus épaisses.

L'auteur ayant récupéré de temps en temps un certain nombre de miroirs japonais chez des marchands de curiosités orientales, et ayant répété toutes les recherches énumérées ci-dessus et en ayant ajouté quelques autres, est à même de démontrer très complètement les phénomènes en question.

La planche I. représente un miroir en possession de l'auteur, d'environ 7 pouces de diamètre, dont le dos porte en haut relief une crête en forme d'oiseau (hoho) . La pièce moulée a évidemment été usinée pour donner une plus grande netteté, et la partie en haut relief a été meulée et polie. Le motif que ce miroir projette sur sa face est montré à côté du miroir, tous deux étant reproduits photographiquement. Ce miroir montre le motif avec la lumière du soleil, ou avec la lumière de l'arc électrique, ou avec la lumière de la chaux. Il peut également être montré à quelques personnes à la fois au moyen de la flamme d'une lampe à pétrole à vingt pieds de distance, ou même à la lumière d'une bougie ordinaire à quelques pieds de distance. Dans le cas de ces sources de lumière plus faibles, le miroir doit être tenu près de l'écran blanc ou de la carte sur laquelle l'image doit être reçue.

Planche II. est tiré d'un miroir sur lequel est, en haut-relief, poli un écusson constitué du *kiri impérial* dans un cercle, ainsi qu'un paysage de cigognes et de bambous en bas-relief. Dans ce cas, seul l'ornement en haut-relief produit de l'effet : et il est intéressant de remarquer que, alors que le cercle au dos est une simple bande plate, le cercle dans l'image (qui est déformé par suite d'une déformation générale du face miroir dans son ensemble) présente des lignes doubles. L'auteur est porté à penser que l'ornement du revers a dû dans ce cas avoir subi un polissage postérieur à la face avant.

Planche III. représente un miroir très mince, d'environ 9¼ pouces de diamètre et d'au plus 0,04 pouce d'épaisseur dans ses parties les plus minces. Le personnage central en haut-relief est entouré des sept objets précieux en bas-relief. La plupart d'entre eux peuvent être vus plus ou moins distinctement dans le motif lumineux projeté depuis l'avant.

Planche IV. est un miroir plutôt plus petit, de 6⅞ pouces de diamètre, avec uniquement un ornement en bas-relief ; pourtant, presque tous les détails sont visibles dans l'image tels qu'ils sont projetés par la lumière électrique ou la lumière du soleil.

La planche V. montre un miroir qui présente deux caractères chinois en haut-relief, polis, avec un fond composé de symboles de longévité : un pin, deux cigognes et une tortue à queue velue. Mais bien que celles-ci soient presque aussi hautes en relief que les lettres polies, seules les premières se distinguent dans l'image. Ici encore, l'auteur conçoit que les deux lettres ont été polies ultérieurement jusqu'au visage ; le motif de ces pièces ayant ainsi été, dans une mesure infime, forcé dans la surface réfléchissante.

Planche VI. représente un miroir rectangulaire, mesurant 15 pouces de haut sur 10½ pouces de large et pesant 5½ livres. C'est le seul de cette forme qu'il ait vu ou entendu parler ; bien que les miroirs carrés plus petits de 3 à 4 pouces de côté ne soient pas rares. L'un de ces derniers, en sa possession, un vieux miroir recouvert au dos de caractères chinois, n'a aucune qualité magique. Le grand miroir rectangulaire est légèrement convexe, mais davantage dans sa direction la plus longue que dans sa largeur. Les bambous du motif, bien que peu élevés, sont en relief très net, le miroir étant apparemment un *ichi mai buki* , ou épreuve d'artiste. Il y a deux bosses en relief au dos, apparemment les restes des parties où le métal a été coulé dans le moule ; et, assez curieusement, ni ceux-ci ni les rebords des rochers au premier plan ne donnent aucune image, bien qu'ils soient plus élevés que n'importe quelle partie des bambous.

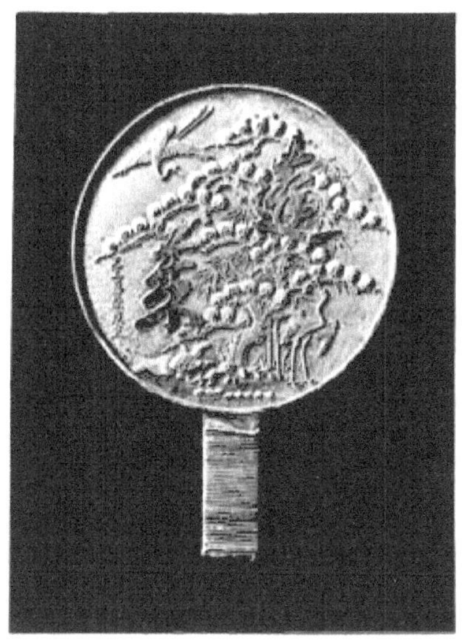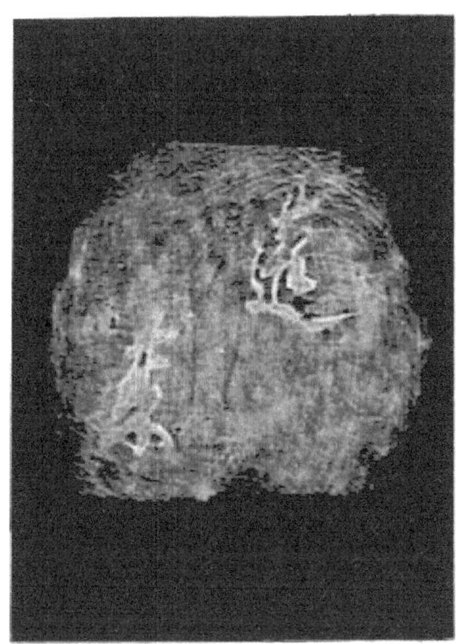

PLANCHE V.

Pour compléter les preuves que les effets sont dus à des différences de courbure, l'auteur a fait les observations suivantes.

En tenant un miroir magique très obliquement par rapport à la lumière, on peut discerner des traces du motif sur le visage, surtout si l'on est habitué à examiner les surfaces optiques à la recherche de petites inégalités de courbure. Par exemple, en examinant (en réflexion oblique) dans un tel miroir l'image d'une barre de fenêtre horizontale ou de la ligne de toit d'une maison, on voit la ligne droite légèrement courbée vers le bas hors du niveau d'où l'image est faite. une partie légèrement concave (ou moins convexe) de la surface. En s'appuyant sur cette indication, l'auteur a découvert que si l'on choisit comme objet à regarder dans un miroir un motif de lignes droites parallèles étroites, comme un store à fines rayures, le motif au dos du miroir peut être vaguement vu dans l'image. visage, ressemblant à cette espèce de gravure au trait, parfois utilisée pour les portraits en médaillon, dans laquelle le tableau entier est traversé par des lignes d'un côté à l'autre, les lignes étant courbées les unes vers les autres ou élargies pour donner des effets d'ombre et de lumière. Une autre variante de la même expérience consiste à placer un réseau de diffraction réglé de 100 lignes par pouce (réglé sur une surface argentée sur du verre) à proximité d'une lumière vive, et avec une lentille à courte focale, projeter les lignes sur un écran. Interposez ensuite le miroir magique pour projeter les lignes lumineuses sur un autre écran, lorsqu'elles seront vues avec l'image magique habituelle ; les lignes lumineuses se concentrant sur les parties lumineuses et évitant les parties les plus sombres du motif lumineux.

En utilisant le sphéromètre pour mesurer les courbures de surface des faces des miroirs, il est facile de montrer que la surface des miroirs magiques est en réalité moins convexe, voire légèrement concave, sur les parties où la substance du miroir est épaisse, par rapport aux parties où le miroir est mince. Par exemple, la courbure du miroir rectangulaire, Planche VI., mesurée de gauche à droite sur la surface convexe, est en moyenne d'environ 0,2 dioptries (ou son rayon de courbure est d'environ 5 mètres), mais lorsque mesurée en certains points au-dessus des tiges verticales du bambou, sa courbure tombe à moins de 0,05 dioptrie et est dans certaines parties absolument plate, voire légèrement concave.

Les fabricants de miroirs et de lentilles pour grands télescopes ont l'habitude de tester la perfection de leur figure par un procédé connu sous le nom de Foucault, dans lequel l'observateur, après avoir laissé tomber la lumière d'un seul point bien défini sur le miroir (concave) à une vitesse presque normale incidence, place son œil au point où les rayons réfléchis convergent vers un foyer, et voit alors toute la surface du miroir uniformément brillante, à l'exception seulement des points qui diffèrent du reste par leur courbure. Dans le cas de miroirs convexes , il est nécessaire d'interposer une grande lentille convexe auxiliaire pour reconcentrer le faisceau autrement divergent. En appliquant cette méthode d'investigation, l'auteur constate qu'il est assez facile dans de nombreux cas de voir sur la face avant le motif que le miroir porte sur son dos.

Enfin, l'auteur a fait une preuve absolument directe des inégalités de courbure de la surface frontale. Il prit le miroir représenté sur la planche I, et après avoir moulé son visage dans une composition de gutta-percha, il déposa une couche ferme de cuivre dans le moule par le procédé d'électrotypage. Le type ainsi fabriqué était argenté et poli, lorsqu'il s'est avéré qu'il reflétait sur sa face l'image de l'oiseau qui était au dos du miroir original ; l'image était cependant moins régulière que celle du visage du miroir. Voici donc un miroir magique sans aucun motif sur son dos.

En répétant les expériences de chauffage, l'auteur a trouvé un effet très singulier produit en réchauffant (avec une flamme) le dos d'un mince morceau de verre de miroir pendant qu'il réfléchissait sur sa face un réseau de lignes lumineuses projeté sur lui par une lampe. comme décrit ci-dessus. Alors que la flamme passait rapidement à travers le dos, l'ensemble du motif semblait se soulever, comme si une vague l'avait parcouru.

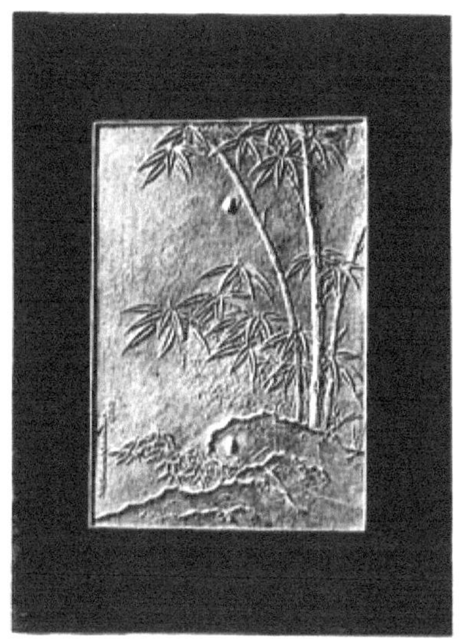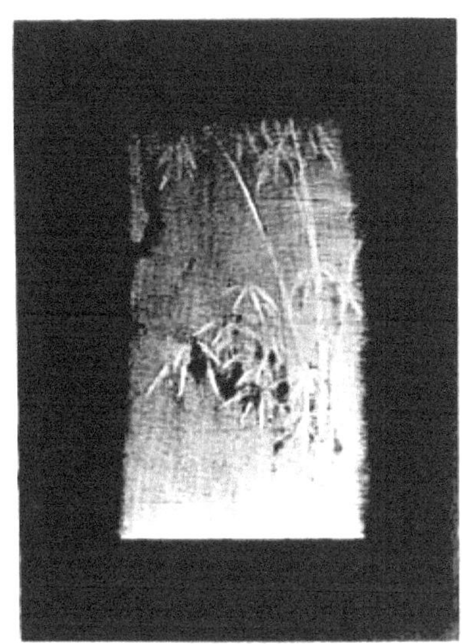

Planche VI.

Il était également capable de reproduire une écriture en lignes lumineuses sur un écran ou un mur grâce au dispositif suivant. Un morceau de mince feuille de plomb (plomb de coffre à thé) était déposé sur un lit de papier buvard ; et là-dessus était écrit avec un crayon à mine ordinaire tout mot désiré, qui était donc légèrement en retrait dans la mine. La feuille était ensuite légèrement pressée contre un morceau de verre miroir ordinaire et chauffée par derrière en appuyant contre elle un disque de métal chaud. Les lettres écrites touchant le dos du miroir le réchauffaient et le faisaient se courber à ces endroits. Ainsi, placé dans un faisceau de lumière divergent approprié, il projetait l'écriture sur le mur.

Suivant l'indice donné par les recherches de Bertin sur l'effet de courbure des miroirs par la pression de l'air à l'arrière, l'auteur constate qu'un effet similaire est produit encore plus puissamment par une simple pression mécanique. Il prit un miroir qui, bien qu'il ait une excellente face réfléchissante et un motif bien relevé au dos, ne montrait aucune propriété magique, et l'ayant serré dans un cadre en bois, il appliqua une pression de vis derrière pour forcer contre le dos un miroir légèrement convexe. morceau de bois tendre recouvert d'un tampon de tissu. En tournant la vis, le miroir devint immédiatement magique et on constata, même après que la vis ait été desserrée, qu'il conservait une partie de sa propriété magique. Il a de nouveau été déformé par la pression des vis et, bien que violemment plié, il a été chauffé pour le recuire quelque peu. En supprimant la pression, il s'est avéré qu'il conservait de manière permanente toutes les qualités d'un bon miroir magique, bien qu'il soit légèrement plus convexe que les miroirs ordinaires.

Depuis lors, on a découvert que de nombreux miroirs qui, une fois achetés, ne présentaient aucune propriété magique, pouvaient être transformés en miroirs magiques, certains par application d'une pression de vis, d'autres simplement en pliant la main sur le genou, certains en brunissant sous pression le motif. À l'arrière.

Les ingénieurs sont si familiers avec le fait que lorsque les pièces moulées en métal sont rapidement refroidies, les pièces internes sont dans un état de contrainte, qu'ils ne sont pas étonnés de constater qu'après qu'une pièce moulée a été surfacée avec précision sur une face, la figure peut changer légèrement par le simple libération de contraintes internes au cours du lent recuit du temps. Il est fort possible que cela se produise également avec les miroirs japonais, et que certains d'entre eux acquièrent avec le simple laps de temps des qualités magiques qu'ils ne présentent pas d'abord lorsqu'ils sont nouvellement polis.

Il semble exister une autre espèce de miroir magique, dont on connaît peu d'exemples, ayant la propriété de montrer sur le visage un motif entièrement différent de celui du dos. Ayrton en mentionne trois, bien qu'il ne semble pas qu'il ait lui-même inspecté aucun d'entre eux personnellement. L'un d'eux, qu'il déclare exister à Kamakura, l'ancienne capitale des anciens Shoguns, est un miroir religieux d'environ quatre pouces et un cinquième de haut, sur trois et demi de large, tenu en grande révérence. Sur la surface polie, lorsqu'on la regarde très obliquement, on voit l'image d'un prêtre bouddhiste. Le motif au dos est un chapelet en haut relief avec une branche de fleur de prunier et un croissant de lune sortant de la mer en arrière-plan. On dit que cet effet optique est produit en décapant chimiquement la surface avec une pâte acide, puis en la repolissant. Le professeur Ayrton, qui fit fabriquer ainsi deux miroirs par un miroitier japonais, constata que si la face d'un miroir ainsi gravé était repolie jusqu'à ce que toute trace des marques disparaisse en vision directe ou oblique, elles disparaissaient alors entièrement également de l'image projetée par le miroir en réfléchissant un faisceau de lumière sur un écran. Il doutait grandement que des moyens chimiques puissent produire un miroir possédant de véritables propriétés magiques. La cause des phénomènes du miroir de Kamakura et de ses congénères – si les faits étaient établis tels que rapportés – reste donc encore à expliquer.

Bien que dans le cas des miroirs japonais ordinaires, la science explique complètement ce qui autrement semblerait être un phénomène des plus mystérieux et des plus inexplicables, l'explication elle-même implique un fait très remarquable, à savoir qu'il peut exister des différences de courbure très délicates et infimes dans le miroir. visage poli au point d'être pratiquement invisible à des fins ordinaires, et difficile même à détecter scientifiquement, et pourtant que ces infimes différences de courbure doivent correspondre si exactement aux motifs sur le dos qu'ils reproduisent ces motifs dans les faisceaux de lumière réfléchis. Les faits semblent si peu probables *à priori* qu'ils soient vrais, qu'on ne peut leur accorder pleinement crédit qu'après la démonstration scientifique la plus approfondie. Mais n'est-ce pas, après tout, un autre exemple du truisme selon lequel, lorsque la science explique un mystère , elle le fait en établissant une vérité elle-même encore plus mystérieuse ?

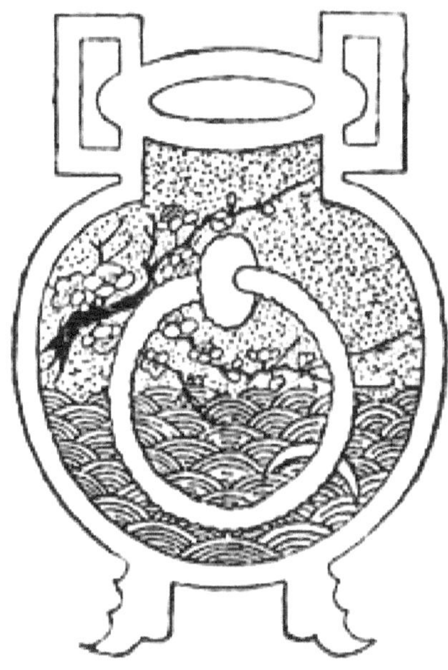

Le miroir de Kamakura.

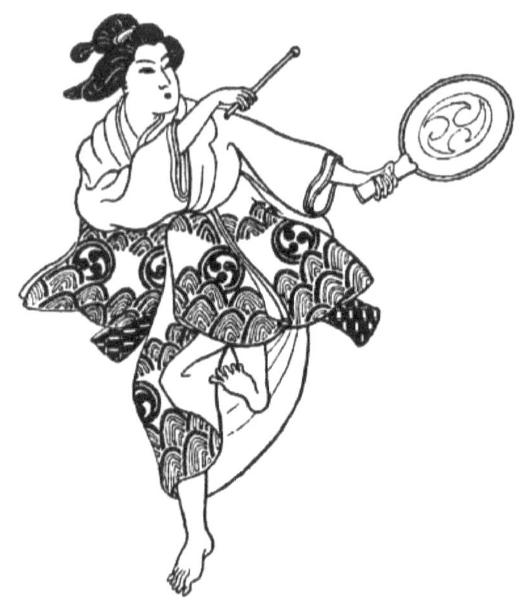

FEMME JAPONAISE DANSANT, AVEC MIROIR.
D'une plaque de bronze (*moderne*).

ANNEXE I.

BIBLIOGRAPHIE DU MAGICMIRROR.

PARTIE I. DE VRAIS MIROIRS MAGIQUES.

BREWSTER, SIR DAVID. Récit d'un curieux miroir chinois, etc. *Philosophical Magazine* , vol. je ., p. 438, 1832. Voir aussi *Poggendorff's Annalen* , xxvii., pp. 485-489, 1833. [Traduction de ce qui précède], et *Journal Franklin Institution* , vol. XV., p. 128, 1832.

PRINSEP , JAMES. Sur le miroir magique du Japon. *Journal de la Société asiatique du Bengale* , vol. je ., p. 242, 1832 (1 planche).

ARAGO , F. [Montré au meeting de *l'Académie des Sciences* (Paris), un miroir rapporté de Chine par M. Arosa]. *Comptes Rendus* , XIX., p. 234, 1844. [Bertin , voir 31 ci-dessous, dit que ce miroir a été apporté par l'amiral Mouchez de Nankin ; pas par M. Arosa .]

JULIEN, STANISLAS. Avis sur les miroirs magiques des Chinois et leur fabrication. *Comptes Rendus* , XXIV., p. 999, 7 juin 1847. [Ceci est une traduction d'un écrivain chinois, Ou-tseu-hing (1260-1340), qui a écrit sur ce sujet dans une Encyclopédie chinoise . Montrait également un miroir appartenant à La Grange.]

SÉGUIER . [Une note faisant suite à la précédente.] *Comptes Rendus* , XXIV., p. 1001, 7 juin 1847.

PERSONNE. Observations faites sur un des miroirs chinois dits miroir magiques . *Comptes Rendus* , XXIV., p. 1110, 21 juin 1847.

MAILLARD. Note sur la fabrication des miroirs magiques chinoises. *Comptes Rendus* , xxxix., pp. 178-180, 1853. [Voir aussi *Journal Franklin Institution* , lvi., 281, 409, 1853.]

GOVI , G. Gli specchi magie dei Cinési . *Nouvelles histoire de la R. Académie des Femmes Sciences de Turin* , 1864-65, pp. 67-74.

GOVI , G. Chinese Magic Mirrors [une traduction des mémoires italiennes du 20 novembre 1864]. *The Scientific Review and Journal* (Londres), vol. je ., 1er avril 1865, p. 19.

GOVI , G. Nouveau expérimenter sugli specchi magie dei Cinési . *Turin Atti Accad. Sci.* , ii., 1866-67, pp. 357-362 (1 planche). Voir également *Torino Lavori Sci. Fis* . *Tapis.* , 1869, p. 67-75.

BREWSTER, SIR D. Observation sur l'article précédent [sur les miroirs magiques chinois]. *La revue scientifique et le journal* , vol. je ., 1er avril 1865, p. 20.

PARNELL, J. Miroirs chinois, *The Reader* , vol. VII., p. 233, 3 mars 1866.

POIVRE, JH Science cyclopédique simplifiée (Londres, 1869, F. Warne and Co.). Un passage sur Magic Mirrors aux pp. 35-39, avec 5 figures [certaines copiées de Prinsep].

JULIEN, STANISLAS , et CHAMPION, PAUL . Les industries anciennes et modernes de l'empire Chinois (Paris, 1869), contenant un court article sur Les miroirs magiques des Chinois, et leur fabrication. (Citation du mémoire de M. Julien de 1847, *supra* .)

SATOW , ERNEST. Les temples Shiñ -tau d' Isé . *Transactions de la Société asiatique du Japon* , vol. i ., 1874. Réimprimé en 1882, p. 101. Donne, p. 114-119, récit du mythe de la déesse soleil et de la fabrication du premier miroir. Parle également de l'utilisation de miroirs dans la religion Shiñ -tau.

GEERTS , DR. Métaux utiles et métallurgie des Japonais. *Transactions de la Société asiatique du Japon* , vol. iv., 1875-76, p. 39. [Un article sur les utilisations japonaises de Mercure. Annexe, p. 39-41, sur les miroirs.]

ATKINSON, RW (Professeur du Tokio Dai Gaku ou Université Impériale). Lettre dans *Nature* , 24 mai 1877, vol. XVI., p. 62.

HIGHLEY , SAMUEL. Lettre dans *Nature* , 14 juin 1877, vol. XVI., p. 132.

DARBISHIRE , RD Letter in *Nature* , 21 juin 1877, vol. XVI., p. 142.

THOMPSON, SILVANUS P. Lettre dans *Nature* , 28 juin 1877, vol. XVI., p. 163.

PARNELL, J. Letter in *Nature* , 19 juillet 1877, vol. XVI., p. 227.

MASSÉ, E. Miroirs Japonais . *Journal de Physique* , t. vi., p. 320, 1877.

STERNE, CARUS . Article sur les miroirs japonais dans *Gartenlaube* , Jahrg . XXV., 1877, n° 29, p. 487 (1 coupe).

AYRTON, WILLIAM E. et PERRY, JOHN (professeurs à l'Imperial College of Engineering, Tokyo). Le miroir magique du Japon, première partie . *Actes de la Royal Society of London* , n° 191, 1878, p. 127-148.

AYRTON, WILLIAM E. Le miroir du Japon et sa qualité magique. *Journal de l'Institution royale* , vol. ix., p. 25, 1879, étant une conférence prononcée le 24 janvier 1879. [Voir aussi *Nature* , vol. XIX., p. 539-542, 10 avril 1879, et *Chambers's Journal* , vol. lvi., p. 591, 1879.]

AYRTON, WILLIAM E. et PERRY, JOHN . Sur les miroirs magiques du Japon . [Traduction de leur article de 1878, avec coupures ajoutées.] *Annales de Chimie et de Physique* , 5 ᵉ Série, xx. p. 110, 1880.

AYRTON, WILLIAM E. *La Nature* , 1880, 1er mai, p. 514. (Rapport de conférence donnée à Paris.)

GOVI , G. Les miroirs magiques des Chinois. *Annales de Chimie et de Physique* , 5 ᵉ Série, xx., p. 99, 1880.

GOVI , G. Nouvelles expériences sur les miroirs magiques . *Annales de Chimie et de Physique* , 5 ᵉ Série, xx., p. 106, 1880.

BERTIN , A. , et DUBOSCQ , J. Production artificielle des miroirs magiques . *Annales de Chimie et de Physique* , 5 ᵉ Séric, t. XX., p. 143, 1880.

BERTIN , A. Note sur les miroirs magiques . *Journal de Physique* , tome ix., pp. 401-407, 1880.

LAURENT, L. Miroirs magiques fr verre argenté . *Journal de Physique* , tome X., pp. 474-479, 1881 ; aussi *Comptes Rendus* , xcii., 21 février , 21 mars, et 4 avril , 1881, p. 412-413.

BERTIN , A. Les miroirs magiques . *Revue Scientifique* , vol. l., 1881, p. 258-263. (Conférence à l'Association Scientifique de France).

BERTIN , A. Etude sur les miroirs magiques . *Annales de Chimie et de Physique* , 5 ᶜ Série, t. XXII., p. 472-513, 1881 (avec 1 planche).

MENDENHALL, TC *Proc. Association américaine. pour l'avancement de la science* (Cincinnati, 1881), vol. xxx., p. 57.

PERSONNE. *Gakugeishirm* , n° 39, cité par Muraoka ; voir *infra* .

ALLEZ , MAKITA. *Tokio-Gakugeisassi* , n° 22, p. 35, cité par Muraoka ; voir *infra* .

MURAOKA, HANICHI . Herstellung der Japanesischen Magischen Spiegel, etc. *Wied* . *Annalen* , XXII., p. 246-252, 1884. (Du *Tokio-Gakugeisassi* .) [Voir aussi *Mittheil* . *der Deutschen Gesellschaft Ostasiens* , poids 31, 1884].

MURAOKA, HANICHI . Uber le japonais Spiegel magischen . *Wied . Annalen* , XXV., 138, 1885.

ANDERSON, WILLIAM , FRCS Description et catalogue historique d'une collection de peintures japonaises et chinoises au British Museum (Londres, 1886). (À la page 398, § 1905, se trouve la description d'une image représentant le mythe de la déesse solaire.)

AYRTON, WILLIAM E. et PERRY, JOHN . Sur l'agrandissement produit par Amalgamation. *Proc. Société de physique de Londres* , vol. VIII., p. 88-9, 1886.

DEUXIEME **PARTIE**. RÉFÉRENCES PRÉSUMÉES AUX MIROIRS MAGIQUES.

(*i* .) LE MIROIR DE PYTHAGORE. Le passage en question se trouve dans la *Physica Curiosa* de Gaspard Schottus (4e édition, Herbipolis , 1667), p. 538, faisant référence à son propre livre sur la magie, et se lit comme suit :

> « Ibidem mentionne fécimus spéculus Pythagore , in quo sanguine dicitur scriptisse quai volébat significare , et eo annonce Lunam avers commonstrasse res exaratas je suis à tergo dans la discothèque Lunae .

La référence est à un autre passage de la page 553 de Schottus ' *Magia Divinatoria* (Herbip ., 1657-59, par. iv.), dans le chapitre De Catoptromantia :

" Huc réfèrent aliqui spéculum Pythagore cujus meminit
Agrippa dans *Retractat . de Magia* , cap. *de Prestigiis* , qui
sanguine perscripsisse dicitur , quæ collibuisset , in spéculo
et eo annonce Lunam avers , commonstrasse res exaratas
stanti a tergo dans la discothèque Lunae . Hoc si verum est
, utique non naturaliter contingit sed ope Démonis .

Dans le même ouvrage, par. je ., p. 438-440, est une discussion de la
proposition : « Utrum in lunari disco aliquid legendum exhiberi potest art
catoptrographique . Il dit que Baptista Porta a maintenu cela dans sa Magie
Naturelle (cap. XVII, lib. 17). Il cite également la *Philosophia Occulta* de
Cornelius Agrippa (lib. i ., cap. 6) comme suit :

> « Si lettres parabolique spéculo inscription idque temporaire
> pléniluni Lune exposeris eae litières ceu en vaste quodam
> spéculo impressionné réflexaïque ubilibet locorum légitime
> poterunt . C'est Pythagore tante , idiote Hydranti moraretur
> , litières Lune inscriptas Constantinople amicis légendes
> Dédisse . »

Pseudodoxia du Dr Thomas Browne *Epidemica* (Erreurs vulgaires), p. 60
(Édition de 1650), en référence à ce mythe : « Quelle est une voie
d'intelligence bien étrange ; et récompenserait l'art de Pythagore ; qui pourrait
lire un revers sur la Lune.

D'autres références dans la littérature occulte au prétendu miroir de
Pythagore sont les suivantes :

> ATHANASE KIRCHER. *Ars Magna Lucis et Umbrae* (
> Cryptologia , cap. i .) (Romae , 1646, fol.), p. 908. (Citations
> de Cornelius Agrippa et Porta, et dénonce le récit comme
> absurde et contre la possibilité naturelle.)

> BUBALE. *Commentationem de Angelis* (Lugduni , 1622, fol.), 9-
> 50, art. 1, quaesito 2, difficile. 2, § 3, p. 64-66. (Combat les
> vues de Paracelse.)

> PARACELSE. *Magie* , lib. 5, de Speculi constitutionnelle . (Il
> existe cinq types de miroirs magiques présumés ; aucun
> d'entre eux n'a cependant de signification optique.)

> BOISSARDUS . *Tractatus de Divinatione* (Oppenheim, 1616,
> folio), p. 297.

(*ii* .) AULUS GELIUS . Carus Sterne (*Gartenlaube* , 1877) et Ayrton (*Journal
Royal Institution* , 1879) font référence à Aulus Gellius comme ayant écrit à
propos de miroirs qui « parfois reflétaient leur dos et parfois non ». La
référence semble être erronée ; pour tout ce que j'ai pu trouver à Aulus

Gellius est le passage suivant des *Noctes Atticæ* , bk. XVI., ch. XVIII. (qui est sur cette branche de la géométrie appelée ὀ π τικ ή) :

> Ὀ π τικ ή facit multa genre d'identification demiranda ; (1) ut in spéculo uno imagine unius rei plures apparent ; (2) *objet, ut spéculum, in loco certo positum, nihil imaginet , aliorsum translatum , faciat imagine* ; (3) article, si rectus speculum speces , imago fiat tua hujusmodi , ut caput deorsum vidéotur pedes sursum.

Le passage que j'ai mis en italique semble avoir été erroné dans son sens. Dans la traduction de Beloe , vol. III., p. 249, cette clause est rendue ainsi : « Un verre placé dans une certaine position ne montre rien. Tournez-le et cela montre beaucoup de choses. Ce n'est guère suffisant. Plus précisément, cela devrait dire : « Un miroir placé à un certain endroit ne montre aucune image, mais lorsqu'il est transféré vers une autre position, il produit des images. » Rien dans tout cela ne suggère que le miroir reflète sur sa face le motif sur son dos.

(*iii* .) MURATORI . Sterne (*op. cit.*) et Ayrton (*op. cit.*) se réfèrent vaguement à l'historien italien Muratori comme faisant autorité pour les récits d'un « miroir magique trouvé sous l'oreiller de l'évêque de Vérone, qui fut ensuite condamné à mort par Martin ». (*sic*) della Scala, ainsi que de celui découvert dans la maison de Colla da Rienzi (*sic*) au dos duquel se trouvait le mot « Fiorone ». » L'évêque en question était Bartolomeo dalla Scala, qui fut mis à mort. en 1338 par Mastino della Scala, raconté par Muratori (*Annali d'Italie* , vol. VIII., p. 212, de l'édition in-folio de 1744-49). Cola di Rienzo (ou Rienzi) est mentionné à plusieurs reprises dans le même volume viii. Je n'ai cependant pu retrouver dans cet ouvrage la mention du miroir dans aucun des deux cas. Je n'en ai pas non plus trouvé dans la vie de Mastino de Lessmann della Scala (Berlin, 1829) ; ni chez Du Cerceau *Vie et époque de Rienzi* (Londres . 1836). Muratori était cependant un écrivain prolifique. Parmi ses œuvres figuraient : *Delle force de l' intention Umano* ; *Riflessioni sopra il Buon Gusto nelle Science et nelle Arté* ; *La Philosophie Morale* . Il est possible que la référence soit à un passage de ceux-ci. Muratori fait également référence à une *Vita di Cola di Rienzo* , dont la paternité m'est inconnue.

(*iv* .) VON HUMBOLDT. En 1830, Von Humboldt apporta de Berlin à Paris un prétendu miroir magique pour l'exposer aux membres de l' *Académie des sciences* . Il fut en effet montré à certains d'entre eux dans les appartements de M. Arago à l' Observatoire . Aucune référence à cet événement ne se trouve dans les journaux de l'Académie, publiés ou privés, ni dans aucune revue contemporaine. La raison en est peut-être que, comme on le sait, les expériences se sont révélées un échec total. Mes informations sur le sujet proviennent de Bertin (*Ann. Chim . Phys.* , xxii., 1881, p. 478).

(*v.*) BABINET . Le nom de Babinet est parfois donné à côté de celui d' Arago à propos de ce sujet ; mais je ne parviens pas à constater qu'il a fait quoi que ce soit.

(*vi* .) HARTING (PIETER). Dans leur article de 1878, Ayrton et Perry font référence à un court article du professeur Harting dans l' *Album der Natuur* quelques années auparavant. Il semble qu'il s'agissait d'un périodique éphémère, édité par Harting et Logeman , paru à Haarlem (AC Kruseman , éditeur) en 1872. Il en existe une seule partie (n° 3 du vol. i .) au British Museum. . Aucun exemplaire contenant l'article en question n'est connu en Angleterre.

(*vii* .) TENNANT, PROFESSEUR JAMES. On pense que le célèbre minéralogiste Tennant a publié, vers 1869, une petite brochure d'environ quatre pages sur le sujet des miroirs japonais. Aucune copie n'a encore été trouvée.

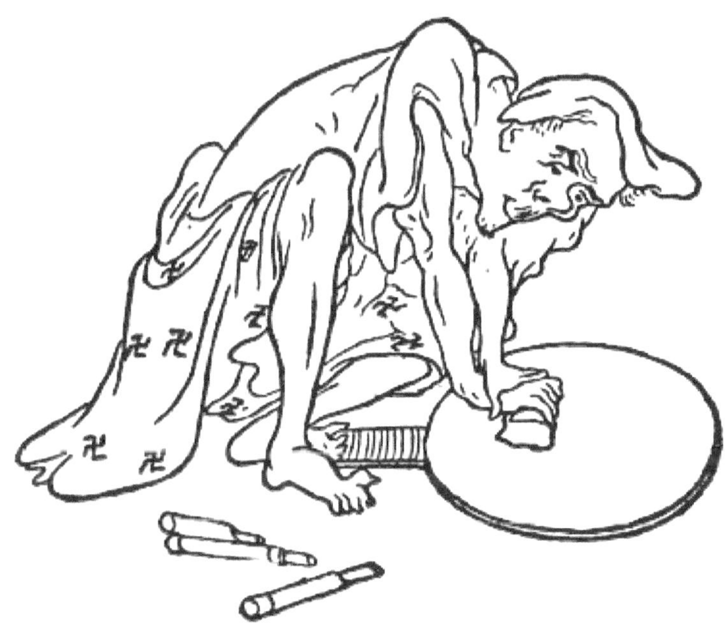

(*D'après un dessin du British Museum de* Tachibana no Binkō , 1784.)

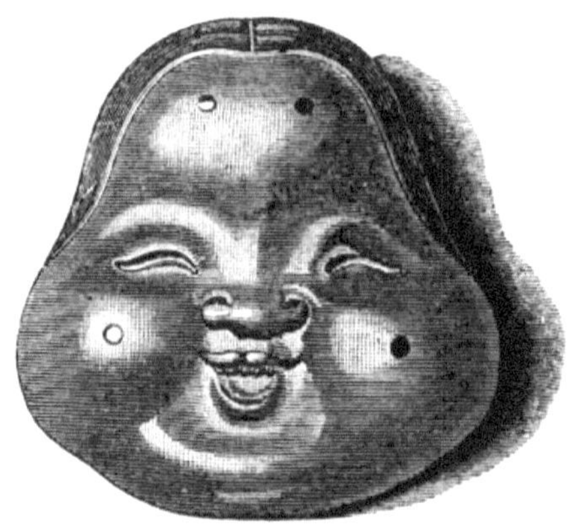

Masque d' Uzume (O-kame).
D'un netzuké en possession de Charles Holme , Esq. (*Pèlerin*).

ANNEXE II.
LE MYTHE DE LA DÉESSE-SOLEIL ET L'INVENTION DU MIROIR.

(Extrait du récit donné par M. E. Satow dans le vol. ii. des « Transactions of the Asiatic Society of Japan », 1874.)

DE tous les dieux du vieux Japon, il y en avait deux que le père des dieux, Izanagi no mikoto , aimait le plus. Il s'agissait d'Amaterasu oho-mi-kami, qui brillait magnifiquement et illuminait les cieux et la terre, et son frère, Susanowo no mikoto , qui était le souverain de la mer bleue. Amaterasu fut nommée souveraine du ciel, qu'elle atteignit en grimpant sur le pilier sur lequel reposait le ciel. Susanowo no mikoto , qui a toujours été un *mauvais sujet* , a négligé son royaume, à tel point que les rivières et les mers se sont toutes asséchées. Entre autres mauvaises actions, il offensa sa sœur Amaterasu en jetant dans la pièce où elle tissait le corps d'un cheval pie qu'il avait écorché, la terrifiant au point qu'elle se blessa avec sa navette, et se retira en colère dans une grotte, qui elle a fermé avec une porte rocheuse. Le ciel et la terre furent longtemps plongés dans une obscurité totale, pendant laquelle les dieux les plus turbulents firent un bruit semblable à celui des mouches, et le désastre général fut grand.

Alors les dieux tinrent conseil dans le lit d'une des rivières asséchées pour déterminer comment apaiser la colère de la grande déesse et, sur la suggestion de Taka-mi-musu-bi no kami , le plan de campagne fut confié au le plus sage des dieux, Ame -no- koya -ne no mikoto , qui suggéra qu'Amaterasu soit incitée par artifice à regarder sa propre image. En conséquence , deux dieux, Amatsu -mara no mikoto , le vulcain japonais, et Ishikori - dome no mikoto , furent mis au travail pour fabriquer un miroir ayant la forme du soleil et du métal extrait des mines du ciel. Leurs soufflets étaient fabriqués à partir de toute la peau d'un cerf. Les deux premiers miroirs ont été jugés trop petits, mais le troisième était grand et beau. Cinq dieux reçurent alors l'ordre de préparer des tissus rayés et des tissus fins à partir d'écorce et de fibres de chanvre , et deux autres dieux érigèrent des poteaux et construisirent un palais près de la grotte. Alors Taka-mi- musu -bi no kami ordonna à un autre dieu, Ame -no- kushi - akaru-tama no mikoto , de confectionner une chaîne de *magatama* , ou charmes curieusement courbés, tels qu'on les portait à cette époque comme ornements, tandis que deux d'autres dieux fabriquaient des baguettes à partir de l'arbre sakaki. S'étant assurés, par d'étranges divinations, que leurs préparatifs avaient des chances d'aboutir, les dieux commencèrent leur campagne.

Tout d'abord, Ame -no- koya -ne no mikoto arracha un arbre sakaki par les racines et y accrocha le collier de charmes, le miroir et les bandes de tissu. Ce trophée était brandi par Ame -no- futo - damo no mikoto devant la grotte tandis qu'Ame -no - koya -ne no mikoto prononçait un discours en l'honneur de la déesse. Ils placèrent en cachette près de la porte de la caverne le dieu Ta- jikara -wo no mikoto , l'Hercule japonais. Puis ils firent chanter plusieurs coqs de concert et organisèrent une danse au son de la musique. Une déesse vive, Ame -no Uzume no mikoto (ou O-kame), elle au front minuscule et aux joues gonflées, officiait comme maîtresse des cérémonies. Elle soufflait dans une flûte de bambou, tandis que les divinités assemblées gardaient le rythme de la musique en frappant ensemble deux morceaux de bois. Deux autres dieux jouaient sur une harpe primitive à six cordes, qu'ils frappaient comme un violon avec de l'herbe. Uzume no mikoto ajustait sa coiffure et retroussait ses manches préparatoires à une danse, et s'épanouissait autour d'une lance décorée d'herbe et de cloches. Des feux de joie furent allumés et une grande boîte circulaire fut posée sur la terre, sur laquelle Uzume monta pour exécuter un *pas seul*. Alors qu'elle se précipitait au rythme des accords, l'esprit de folie qui la possédait et l'incitait à chanter descendit sur elle. Elle a chanté un quatrain de six syllabes pour chaque vers, qui, bien qu'en japonais moderne il se lise simplement « Un, deux, trois, quatre, cinq », et ainsi de suite, peut également être rendu en vieux japonais avec la signification suivante :

Dieux, regardez maintenant le couvercle ;

La Déesse n'est plus cachée .

Nos désirs, elle les satisfait désormais :

Voici ma poitrine et mes cuisses.

Et tandis qu'elle prononçait ces paroles , elle secouait ses vêtements un à un, tandis que finalement l'air tremblait d'un éclat de rire homérique de la part des dieux assemblés.

Sur ce, Amaterasu oho-mi-kami, ouvrant légèrement la porte de la caverne, cria de l'intérieur : « Je pensais qu'en conséquence de ma retraite, le ciel et le Japon étaient dans l'obscurité. Pourquoi Ame -no Uzume a-t- il dansé et pourquoi les dieux rient-ils ? Alors Uzume répondit : « Je danse et ils rient parce qu'il y a ici une divinité honorable qui surpasse votre gloire » (faisant allusion au miroir). Pendant qu'elle prononçait ces mots, Ame -no- futo - dama no mikoto , qui tenait le trophée, poussa le miroir vers elle, la stupéfiant tellement qu'elle s'avança pour regarder. Alors qu'ils mettaient le miroir dans l'entrée de la grotte, il heurta la porte et reçut un défaut qu'il porte encore aujourd'hui. Alors que la déesse s'avançait, Ame -no- tajikara -wo-no kami ouvrit la porte et la traîna dehors, tandis qu'Ame -no - koya -ne no mikoto passait derrière avec une corde de paille pour l'empêcher de revenir.

Ainsi la lumière fut restituée au monde ; et quelques jours plus tard, Amaterasu oho-mi-kami donna le miroir à son petit-fils adoptif Nini-gi no mikoto , qui à son tour le transmit à ses descendants qui, après diverses fortunes diverses, le placèrent en l'an 4 AV . dans le sanctuaire sacré au bord de la rivière Isuzu , près du village d'Uji à Isé , où il est conservé jusqu'à ce jour avec un soin religieux.

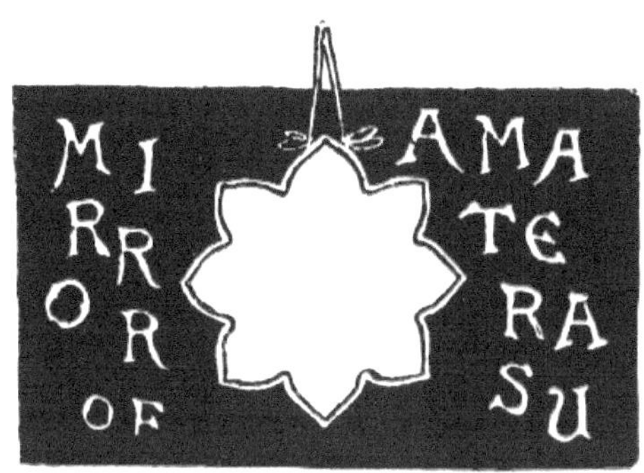

ANNEXE III.
ÉCRITS ORIENTAUX SUR LE MIROIR THÉMAGIQUE.

M. STANISLAS JULIEN, l'érudit auteur *des Industries anciennes et modernes de l'empire chinois* , a donné l'extrait suivant du cinquante-sixième volume de l' encyclopédie chinoise appelée *Ke -chi-king- yonen* .

« *Théou-kouang-kien* , ou *Miroirs qui laissent passer la lumière* (expression due à une erreur vulgaire). Si l'on reçoit les rayons du soleil sur la surface polie d'un de ces miroirs, les personnages ou fleurs qui sont en relief au dos sont reproduits fidèlement dans l'image (réfléchie) du disque. Chin- kouo (écrivain qui fleurit au milieu du XIe siècle) en parle avec admiration dans ses mémoires intitulées *Mong -ki-pit- tân* , livre XIX., fol. 5. Le poète Kin-ma les célébrait en vers ; mais, jusqu'au temps des empereurs mongols, aucun auteur n'avait pu expliquer ce phénomène. Ou-tseu-hing , qui vécut sous cette dynastie (entre 1260 et 1341), a le mérite de l'avoir fait le premier. Voici comment il s'exprime à ce sujet :

« Quand on place un de ces miroirs face au soleil, et qu'on lui fait réfléchir, sur un mur très voisin, l'image de son disque, on y voit distinctement apparaître les ornements ou caractères qui existent en relief au dos. Or, la cause de ce phénomène, qui provient de l'emploi distinct du cuivre fin et du cuivre brut. Si au dos du miroir on a réalisé, en le coulant dans un moule , un dragon disposé en cercle, on grave profondément sur la face du disque un dragon exactement semblable. Ensuite, on remplit les coupes profondément ciselées avec un cuivre un peu plus grossier ; puis on incorpore ce métal au premier, qui devrait être d'une qualité plus fine, en soumettant le miroir à l'action du feu ; après quoi on aplatit et lisse la face du miroir, et on étale dessus une légère couche de plomb (d'étain ?).

« Quand on tourne vers le soleil le disque poli d'un miroir ainsi préparé, et qu'on réfléchit son image sur un mur, il présente distinctement des teintes vives et des teintes sombres, qui proviennent, celles-ci des parties les plus pures du cuivre, celles des parties les plus basses du cuivre. les pièces.'

« Ou-tseu-hing , à qui nous devons l'explication précédente, nous dit qu'il a vu un miroir de cette espèce brisé en fragments, et qu'il a reconnu par lui- même l'exactitude de sa description.

Ayrton cite un ouvrage japonais, le *Shim-pen- kamakura - shi* , ou Nouveau Recueil d'écrits sur Kamakura, une description d'un temple-miroir qui, regardé obliquement, montre le visage d'un prêtre bouddhiste, ne ressemblant en rien à celui d'un prêtre bouddhiste. l'ornement en relief au dos (voir p. 45, *supra*).

La même autorité se réfère au *Kokon - i -to* , ou Généalogie des anciens et des nouveaux médecins, pour un prétendu processus de production d'effets magiques sur les miroirs en traitant la surface avec une pâte particulière. La recette est la suivante : « Prenez dix parts de *shio* (gamboge), une de *funso* et une de *hosha* (borax). Saupoudrez-les soigneusement et mélangez-les jusqu'à obtenir la consistance d'une pâte avec un peu de colle diluée. Si un motif est dessiné sur la surface d'un miroir avec cette pâte, puis laissé sécher, le motif sera visible, même après polissage, si on le regarde obliquement.

Il semble que ce processus ne donne en réalité aucun résultat. Le procédé d'incrustation décrit par Ou-tseu-hing est également une erreur. L'effet magique ne se produit certainement pas de cette manière. Il a probablement été induit en erreur par le fait que les défauts des pièces moulées en bronze sont parfois comblés par l'insertion de perles de cuivre tendre.

ANNEXE IV.
ANALYSES DE MIROIRS JAPONAIS.

MM. CHAMPION ET PELLET (*Industries de l'empire Chinois* , p. 64) donnent la composition suivante pour les miroirs chinois :

Cuivre	50·8
Étain	16·5
Zinc	30·5
Plomb	2·2
	———
	100·0

Le Dr Geerts donne (*Trans. Asiatic Soc. of Japan* , vol. iv., p. 40), pour l'alliage utilisé dans l'une des plus grandes fonderies de miroirs de Kioto :

Cuivre	80
Étain	15
Plomb	5
	——
	100

Et pour les miroirs de qualité inférieure :

Cuivre	80
Plomb	dix
Shiromé	dix
	——
	100

Le Shirome est un sulfure naturel de plomb et d'antimoine de Choshiu ou Iyo.

Les professeurs Ayrton et Perry (*Proc. Roy. Soc.* , 1878) donnent :

Pour les miroirs de première qualité :

Cuivre	75·2
Étain	22·6
Iyo Shirome	2·2
	———
	100·0

Pour les miroirs de deuxième qualité :

Cuivre	81·3
Étain	16·3
Iyo Shirome	2·4
	———
	100·0

Pour les miroirs de troisième qualité :

Cuivre	87·0
Étain	8·7
Iyo Shirome	4·3
	———
	100·0

Pour les miroirs de quatrième qualité :

Cuivre	81·3
Tori Shirome	16·3
Iyo Shirome	2·4
	———
	100·0

Pour les miroirs de cinquième qualité :

Cuivre   71·5

Tori Shirome   28·5

——————

100·0

——————

L'amalgame mercuriel utilisé pour polir les miroirs consiste, selon le Dr Geerts (*op. cit.*), de vif-argent, d'étain et d'un peu de plomb. Ayrton le donne comme un d'étain à un de vif-argent. Champion et Pellet (*op. cit.*) donnent la composition comme suit :

Étain   69·36

Mercure   30·0

Plomb   0·64

——————

100·00

——————

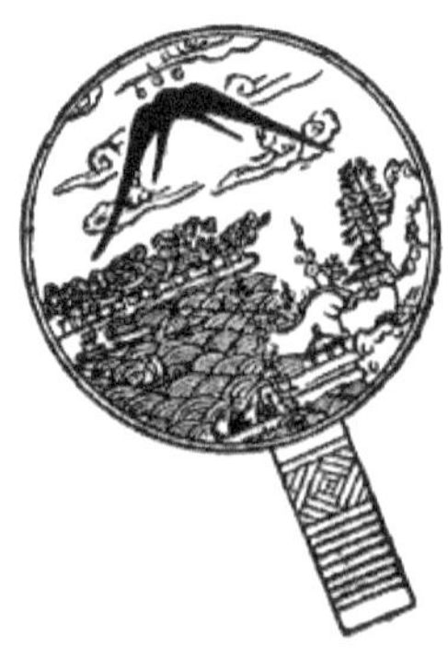

expériences avec l'appareil de Laurent et montre
l'effet des miroirs chauffants.